EL ESTADO
PARTICIPATIVO

EL ESTADO PARTICIPATIVO

Una nueva forma de Estado

JOSÉ ENRIQUE CENTÉN MARTÍN

Número de Control de la Biblioteca del Congreso de EE. UU.:   2012914836
ISBN: Tapa Blanda   978-1-4633-2486-5
                              Libro Electrónico   978-1-4633-2487-2

Para pedidos de copias adicionales de este libro, por favor contactenos en:
Palibrio
1663 Liberty Drive
Suite 200
Bloomington, IN 47403
Llamadas desde España 900.866.949
Llamadas desde los EE.UU. 877.407.5847
Llamadas internacionales +1.812.671.9757
Fax: +1.812.355.1576
ventas@palibrio.com
426185

INDICE

DEDICATORIA

Dedicado a mi padre, fallecido el 15 de Mayo del 2011 a quien el Alzhéimer le llevó a renegar de tantas cosas por las que él y su familia fue perseguida, represaliada y obligada a emigrar en época de la dictadura, una pequeña diáspora familiar desde Marruecos a Francia, Australia, Alemania, Suiza, Inglaterra, España.

AGRADECIMIENTO

Mi agradecimiento a los profesores de Filosofía
y Ciencias Sociales de la UCM:

D. Valentín Fernández Polanco

D. Pedro Lomba

D. José María López Sánchez

y en especial a D. Javier Martínez Fernandes,
por sus consejos y correcciones al manuscrito
original.

EL PORQUÉ DE ESTE LIBRO

Lo mismo hicieron autores famosos en el pasado al hablar de las diferentes formas de Estado, y aun sabiendo que me introduzco en un campo ya bastante trillado, quiero dar a conocer una nueva teoría. Considerando que toda teoría es una crítica hacia las anteriores formulaciones sobre el mismo asunto por entenderlas ineficaces, sin pretender igualmente que se convierta en ideología, expongo una manera de mejorar la gobernanza de la nación con "El Estado participativo". Indudablemente choca con los postulados actuales de Democracia, que evita la espontaneidad de la ciudadanía, o de la teoría comunista, que dar el Partido el poder para establecer la Dictadura del Proletariado; pero la magnética seducción de este ensayo largamente madurado así como reconociendo mis limitaciones, lo considero un desafío porque no debemos dejar el liderazgo de la nación en un bipartidismo que se ha convertido en despotismo de los partidos políticos que dicen representarnos para buscar nuestras mejoras y la soberanía de la ciudadanía, pero en realidad nos consideran de nuevo vasallos en lugar de ciudadanos. Tienen la conciencia amputada como reflejan en sus discursos cuando pregonan continuamente que actúan en pro de la voluntad de todos, pero no definen que "la voluntad de todos es la suma de voluntades particulares de interés privado", cuando en realidad los representantes de la nación deben actuar de acuerdo con la voluntad general, *como la definió J.J. Rousseau* "... **la voluntad general es siempre recta y tiende siempre a la utilidad pública... Siempre quiere uno su bien, pero no se lo ve siempre bien; nunca se corrompe** al pueblo, pero se le engaña a menudo, y entonces es cuando parece querer lo que es malo."

Viendo también a ciertos partidos en sus virtuales e incesantes batallas verbales actuales, cuando en una determinada etapa anterior habían combatido contra la opresión, se alinean hoy con aquellos a los que combatían, al haber sido la opresión derrotada, para defender demagógicamente los privilegios recién adquiridos como nuevos parlamentarios, gobernando con las miras puestas en un interés no tan en favor del interés general por el que combatían. Supongo que me calificarán con adjetivos propios de las tiranías, como subversivo, terrorista, comunista..., todo menos racional y verdaderamente demócrata, que no es otro que **"el partidario de la intervención y predominio de los ciudadanos en el gobierno político de un Estado, no solo** votando en las elecciones, sino con una participación real en él, con voz y voto".

Dada la forma y concepto de Democracia que estamos sufriendo debemos recordar a *Herbert Spencer,* que enfatizó: **"cuando los parlamentos intentan imponer una concepción del bien, aunque sólo en una minoría, no son diferentes a las tiranías, no es proteger los derechos de sus ciudadanos".** Pocos más de 30 años después de salir de la dictadura que dio paso a esta Democracia y viendo la forma de actuar de los partidos políticos, es cada vez mayor el desencanto de los demócratas ante la propia democracia. Siendo esta solo un reflejo de la ateniense, nos incita a pensar inconscientemente y hacer buena la frase ácrata, "si votar cambiara algo, sería ilegal". La ciudadanía demuestra este desencanto cada vez más con el aumento paulatino de la abstención en las elecciones, sienten haberse vuelto un engranaje dentro de una máquina inmensa, de haberse transformado en autómatas, de haber vaciado sus vidas y haberles hecho perder todo su sentido, condenados inexorablemente a la pobreza por el abuso de las leyes del gobierno para imponer su concepto de bien, mostrando solo los intereses demagógicos de cada uno de los partidos y la corrupción generalizada de los legisladores como secuela infalible de las miras particulares escondiéndola tras sus discursos en defender la voluntad de todos. Deberíamos recordar que "multitud de leyes sirve muy a menudo de disculpa a los vicios, un Estado es mucho mejor regido cuando hay pocas, pero muy estrictamente observadas", *Descartes.*

Debemos asumir el riesgo y la responsabilidad de forjarnos nuestros propios fines, aún disponemos de la suficiente fuerza como para derrumbar el castillo de naipes del bipartidismo, porque "el exceso de prudencia es la más nefasta de las imprudencias", *León Trotsky*. Salgamos a la calle demostrando que es nuestra, hagamos saber nuestra disconformidad ante la continua agresión a que nos están sometiendo un puñado de falsos filántropos, salgamos "por encima de las ideologías, por serlo, sin remedio, caducas, y de intereses nunca puros". *C. Sánchez-Albornoz*

CAPÍTULO I

El Estado y la ciudadanía

"Uno de los deberes del Estado es proteger a cada miembro de la sociedad contra la injusticia y la opresión de cualquier otro miembro de la misma. El rico en particular está interesado en mantener ese estado de cosas que continúa asegurándole sus privilegios. Los que no son tan ricos se asocian para defenderse de los privilegios de aquellos de riqueza superior, se asocian para defender sus posesiones, su pequeña propiedad depende de la autoridad mayor, su poder depende totalmente de la subordinación de los más ricos, formando una pequeña nobleza con el fin de defender su propiedad y de mantener la autoridad mayor, lo que nos lleva a considerar que el gobierno civil instaurado para la seguridad de la propiedad, se establece en realidad para defender a los ricos de los pobres, o sea, a aquellos que tienen alguna propiedad de los que no tienen ninguna", *Adam Smith*. Este es el fundamento principal de la propiedad privada y de todo gobierno que ejerce la democracia burguesa.

Con el Estado participativo y su forma representativa, se evitará que haya en una especie de aristocracia o de oligarquía política, privilegiada de hecho, no de derecho, dedicada exclusivamente a la dirección de los asuntos públicos del país, como ocurre actualmente.

Como muestra de sabiduría ciudadana debemos seguir la definición de los estoicos, al decir que: "sabiduría no es otra cosa que dejarse llevar por la razón, y necedad vale tanto como ser arrastrado por las pasiones", *Erasmo de Rotterdam*. Por eso la ciudadanía no debe reconocer autoridades infalibles ni aun en cuestiones especiales, ni a la supuesta honestidad de tal o cual partido político. Sería fatal a la razón y a nuestra libertad, porque nos transformarían en esclavos estúpidos y en instrumentos de la voluntad y a intereses ajenos a la ciudadanía. Debemos destruir las instituciones de la desigualdad y fundar la igualdad económica y social de todos y sobre esa base se levantará la solidaridad en la ciudadanía, porque liberarse de, no es lo mismo que liberase para, pues este acto de desobediencia como acto de libertad, es el comienzo de la razón.

Debemos exigir nuestra participación real en el gobierno del Estado, porque ningún poder tolera a otro más que cuando está obligado a ello, es decir, cuando se siente impotente para destruirlo o derribarlo, como creen que están logrando. Porque uno de los efectos que el capitalismo ejerce sobre la libertad en desarrollo es la consecuencia inversa, al hacer al individuo más solo y aislado e inspirarle un sentimiento de insignificancia e impotencia.

CAPÍTULO II

La formación de nuestra democracia

Una sutil coalición durante la transición entre los hoy partidos mayoritarios, encarriló el parlamentarismo hacia la concepción burguesa del siglo XIX. De entre los que querían ser parlamentarios, algunos de buena fe querían representar a los ciudadanos de esta Nación; otros atisbaron el horizonte que tenían ante sí: el filón donde podían envilecerse; y los que venían de aquellas Cortes de los tercios familiares de la dictadura franquista, muchos estaban dispuestos a perder su posición de abogados, ingenieros, el prestigio que les proporcionaban sus columnas en los periódicos, incluso sus ingresos como asesores, pero nunca aceptarían un régimen social diferente al capitalismo de entonces, truncado hoy en el más salvaje retro-liberalismo. Aceptaron una "democracia", que para ellos no era más que una palabra siempre y cuando garantizaran los intereses del gran capital, cuando con la Democracia, nombre de la civilización griega y con ella comenzó la emancipación humana por su participación en los asuntos del Estado. Hay que reconocer con espanto hasta qué punto los ideales de la Democracia, "verdad, libertad y justicia", se han convertido en palabras huecas, de las que se sirve el interés, no de una nación, sino de un grupo ansioso de poder y de beneficios que están imponiendo a los gobiernos su voluntad.

Considerando que la base real de la casta política no tiene otra Ley que la expresada en la frase "laissez faire et laissez passer", un tipo de cortina de humo que consiste en afirmar que los problemas son demasiado complejos para la comprensión del hombre común. Con la premisa de que las masas "son demasiados ignorantes para disfrutarlas sin abusar", deben quedar sometidas a la más severa disciplina del Estado, porque si la ciudadanía cansada de trabajar para otros se insurreccionase, toda la existencia política y social del capital se derrumbaría, porque el Estado por ellos concebido es la autoridad, es la fuerza, es la ostentación y la infatuación de la fuerza. No se insinúa, no procura convertir: y siempre que interviene lo hace de muy mala gana; porque su naturaleza no es persuadir, sino imponer, obligar. No solo pretenden que el hombre obedezca a las autoridades seculares, sino también subordinar su vida a las finalidades de los logros económicos.

Esas castas de conservadores, liberales, socialdemócratas, nacionalistas, todos representan únicamente los intereses de las clases dominantes y los distintos matices de las opiniones de la burguesía, a los capitalistas, que abusan, defraudan, mienten, roban, perjuran, que se creen por encima del resto por la ostentación de sus riquezas, rodeados de ciertos políticos zalameros que les alaban y les llaman "honorables" en público, esperando obtener una migaja de sus mal adquiridos bienes, a diferencia de la ciudadanía que tiene unos intereses propios tanto políticos como sociales para llevar una vida con desahogo, sin penurias ni sobresaltos.

CAPÍTULO III

Los intereses de la ciudadanía

El votante no puede dejar de sentirse pequeño y poco importante ante ciertos partidos políticos que insisten abiertamente sobre la carencia de significado del individuo. Por el contrario, una y otra vez lo adulan al hacerle creer que es importante, fingiendo dirigirse a su juicio crítico, a su capacidad de discriminación, todo por un voto que le legitime como su representante, para acto seguido pensar solo en el progreso, en lo que él considera progreso, sin mirar el pasado.

Es una lástima que nuestros políticos no relean a menudo "La declaración de los derechos humanos". Los nazis no consiguieron quemarlo, pero lo capitalistas lo tienen pudriéndose en las estanterías del olvido, y quien sabe si en algún momento estos representantes retro-liberales de hoy, no emplearán las fuerzas públicas igual que los nazis, esas fuerzas de orden que deben salvaguardar a los ciudadanos de los malhechores, utilizándola para aplastar el movimiento de protesta tras los continuos recortes en derechos sociales que sufrimos todos, incluso esas mismas fuerzas de orden. Todos menos el capital y sus voceros del parlamento, los verdaderos malhechores, mientras los asalariados, los únicos productores de riqueza, los que hacemos funcionar las máquinas, las industrias, extraemos los minerales, construimos ciudades, a quien la ruina no asusta, pues hemos nacido sin nada, pero siempre dispuestos a hacer funcionar un mundo nuevo que está evolucionando continuamente y limpiar este de las inmundicias del feudalismo donde quieren llevarnos.

De hecho ni siquiera han llegado a pensar que su forma de actuar choca incluso con uno de los padres del liberalismo, *John Stuart Mill (1806-1873) liberal teórico del utilitarismo,* cuando proclamaba **"el único propósito que permite el ejercicio legítimo de poder sobre cualquier miembro de una comunidad civilizada es para prevenir el daño a los demás, la libre comparación de opiniones opuestas es un bien, pues sirve para poder discernir todos los aspectos de la verdad y no pocos del error".** Los liberales o los que se llaman como tal, han sido superados por ese ente sin faz llamado Mercado que es el Capital. Este Capital lo entienden de otra forma creen que sus representantes parlamentarios son los únicos capaces de discutir, cuando lo único que hacen es imponer sus postulados particulares, siempre ignorando a la ciudadanía o distrayéndola para mantener sus privilegios, y hacer méritos frente a sus benefactores. **Por eso el Capital está interesado en que todos los Estados funcionen de forma bipartidista, pues es más fácil de domeñar, lo que nunca podría lograr con una democracia verdadera.**

Hannah Arendt, en las paginas finales de su obra Condición humana, piensa que hoy en día, ha vuelto a triunfar el *homo laborans* a costa del creador, del *homo faber,* que puede haber significado también la puesta en peligro del ser moral, ese que es solidario, capaz de un razonable grado de altruismo, o de atención al mundo común, que es el *homo activus,* siendo la emulación, en cambio, la que estimula la creación, permite la concurrencia pacífica entre rivales que no pretenden destruirse mutuamente ni subyugar el uno al otro. Esta atribución que puede obtener todo ciudadano normal en la vida política es importante, y al igual que en la vida ateniense de la Grecia clásica, donde consideraban que todo hombre ajeno a la política, era considerado imperfecto y vicioso, por lo que la actividad pública era considerada una virtud.

La ciudadanía actual al igual que aquellos que lucharon por la libertad durante los últimos siglos, debe lograr el triunfo sobre las fuerzas del nihilismo. Lo conseguirá tan sólo si se logra infundir en los hombres aquella fe que es la más fuerte de las que sea capaz el espíritu humano, la fe en la vida y en la verdad, la fe en la libertad, como realización activa y espontánea del yo individual.

CAPÍTULO IV

El Estado y su función

En la política, el Estado es una forma más de alienación; en economía lo es la propiedad privada y los partidos políticos tienen en común esa alineación, a pesar de las causas de las circunstancias materiales que los separan entre sí, como estrato sin conciencia que son, el desarrollo y el modo diferente de ver y entender el mundo y la vida, por eso es importante el punto de vista de personas ajenas a la estructura parlamentaria, los supuestos representados en las elecciones que ven frustradas sus esperanzas cuando llegan al poder los votados, al tomar estos decisiones contraria al interés social para lo que fueron elegidos, alineados a un interés externo al votado, el Capital; porque la ciudadanía como clase, no es para sí, si no vela por sus intereses y lucha contra la explotación, la clase en sí es inerme e inocua se presta a la utilización por los poderosos como si fuera una simple herramienta, por eso es importante la participación de la ciudadanía en las decisiones de los gobiernos, es la mejor representación de todas las capas sociales del Estado, para evitar la subordinación de la mayoría por una minoría, al ser el Estado actualmente una estructura de sociedad alineada porque contiene un conjunto complejo e intrincado de mediaciones y tergiversaciones.

Allí donde la nueva burguesía parlamentaria ha alcanzado el poder, ha "destrozado todas las relaciones feudales, patriarcales e idílicas" del pasado y las ha sustituido con su moral basada en el beneficio económico, en el cálculo racional y en la explotación eficiente del trabajo humano de los demás. Su espíritu crematístico y de lucro no ha reconocido límites: el amor, el matrimonio y la vida familiar misma han sido sometidos a las leyes del dinero, para ellos el lujo es efecto de las riquezas, o la hace necesarias; corrompe a la vez al rico y al pobre; al uno por posesión y al otro por ambición; vende la patria a la molicie, a la vanidad; priva al Estado de todos sus ciudadanos para hacerlos esclavos uno de otros y todos de la opinión.

La ciudadanía para combatir el distanciamiento de los partidos políticos de sus respectivos votantes contra su propia retórica y la erosión de la capacidad decisoria cívica. Debe organizarse y luchar constitucionalmente para conseguir lo que quiere, no debe hacer peticiones a la autoridad. Organizándose puede no triunfar o conseguir lo que pretende, pero su mera existencia es un freno para el poder público y crear una barrera a los excesos del poder y no solo contra este porque "las asociaciones libres son la contracorriente que mantiene la diversidad necesaria en toda sociedad democrática cuyas tendencias homogeneizadoras son un peligro muy grave contra la libertad y la iniciativa individuales". *Tocqueville 1805-1859*, en definitiva volvemos a la Democracia de la Grecia clásica, la peculiaridad descollante de la democracia ateniense, muy diferente de la idea más moderna de esta democracia representativa, es decir, mediante votación.

Que tenga en todo ello mucho que ver la redefinición del espacio público hoy en día, sobre todo a través de la cultura mediática, consumista, e impresionista, es decir, enemiga del pensar, condición primera como hemos visto de la vida activa responsable. Por lo tanto la ciudadanía al igual que Solón (639-559 a.n.e.) debe intervenir en la constitución o conjunto de leyes sociales, más ahora con esta aguda crisis económica.

Al igual que él intervino, debemos intervenir nosotros, en esta crisis económica a la que las leyes no logran atajar por ser inadecuadas a la nueva relación surgida entre las diversas clases sociales.

Formas de elección, representación y normas en un Estado Participativo

Es una división de tareas y responsabilidades que obedece a las capacidades de cada cual y no a las veleidades de la fortuna o al linaje o clase social a que pertenezca, definido en 27 puntos, pero una vez conseguida la representación de la ciudadanía y establezca el derecho de la decisión ciudadana como parte del Estado, pueden mejorarse.

1.- Votación 100% directa, una persona un voto. Cada provincia, elegirá a sus representantes según el nº de habitantes hasta completar la parte proporcional de los 200 parlamentarios totales del abanico parlamentario mediante votación para el Congreso de los Diputados, a excepción de Ceuta y Melilla con un mínimo de 2 representantes.

2.- Podrá acceder al parlamento quien obtenga un mínimo del 10% de los votos de su provincia, siempre que el nº de parlamentarios de cada circunscripción lo haga posible o mediante coalición de distintos partidos, hasta completar como mínimo un 90 % de los votos escrutados de cada una de ellas, para garantizar la representatividad real de la mayoría de la población.

3.- Establecimiento del Estado Laico, separación real entre Iglesia y Estado, con la revisión de la anata que supone el actual Concordato con Roma.

4.- Estarán exentos del Impuestos de Bienes Inmuebles, los edificios o locales sedes de los partidos políticos y sindicatos, así como los ocupados por Iglesias, Mezquitas, Sinagogas u edificios de creencias dedicadas para uso exclusivo del culto y siendo en propiedad, no así el resto de bienes inmuebles.

5.- Los partidos políticos y sindicatos, se financiarán de las aportaciones de sus afiliados, toda financiación externa será fiscalizada por Hacienda y con un límite máximo por donante.

No percibirán subvenciones del Estado (recibirán una cantidad regulada por cada de voto obtenido en cada una de las elecciones).

Los préstamos para cualquier financiación de partidos políticos, sindicatos y órdenes religiosas, se realizarán a través del Banco de España, siendo al mismo interés que los otorgados a las entidades bancarias y con las garantías necesarias.

6.- Eliminación de los Parlamentos de las CCAA: el representante de cada uno de ellos ante el gobierno de la nación saldrá elegido entre los partidos políticos vencedores en cada provincia de su CCAA, con el voto de al menos el 75 % de los parlamentarios electos. Este nombrará a su vez a los responsables de las áreas propias de las competencias de las CCAA en proporción con los parlamentarios elegidos en su Comunidad, como representación real de la totalidad de la población.

7.- Todos los cargos de la Administración Pública, no electos, serán miembros funcionarios de carrera sin excepción y ocuparán el puesto que le corresponda según su valía y cualificación dentro de la Admón. El enchufismo para familiares o personas fuera del ámbito familiar, aun de forma eventual, podrá acarrear la expulsión de la Admón. Pública del causante sea parlamentario o funcionario.

8.- Existirá la figura del Coordinador Político en cada una de las áreas de competencia que le corresponda a los parlamentarios, como representante del partido elegido, para supervisar las tareas encomendadas por el Estado en la CCAA asignada.

9.- El Congreso de los Diputados constará 400 escaños, 200 para partidos políticos y 200 para la ciudadanía mediante sorteo aleatorio entre la población desde los 18 años a los 70 años (en sus perfectas facultades mentales y sociales).

10.- Los 200 elegidos entre la ciudadanía deberán asistir a los debates previos de cada votación y votar con voto secreto cualquier decisión de la cámara, ejercerán el voto antes que los parlamentarios y se contabilizarán después de votar estos. Estos ciudadanos solo podrán ejercer este derecho una vez cada 10 años.

11.- Los parlamentarios como representantes de la nación ejercerán como tal un máximo dos legislaturas. Es un servicio a la Nación, no una carrera, para evitar perpetuarse como casta política.

12.- La subida salarial de los parlamentarios, al ser juez y parte, siempre que sea superior al IPC, deberá ser ratificada por la votación general de los 400 representantes del Congreso.

13.- Cada cargo electo del Congreso podrá contar con personas de confianza o asesores. Cada parlamentario con dos personas de confianza, una para el Parlamento y otra en su CCAA, así como la correspondiente al control de cada área de competencia de su CCAA que le corresponda, si la tuviere.

14.- Los miembros del gobierno podrán contar con un n° de asesores limitados a cinco, al margen de las personas de confianza, y otro para cada una de la CCAA en el área ministerial que le corresponda para supervisar las competencias en cada una de ellas, a excepción del Presidente de Gobierno con un máximo de 10 asesores. Estos asesores o personas de confianza cesarán en sus funciones ante cualquier cambio de gobierno o como máximo al término de dos legislaturas, igual que los parlamentarios, ministros o jefe de gobierno.

15.- Todo cargo electo queda sujeto al Art. 14 de la Constitución de 1978 **"los españoles son iguales ante la Ley, sin que pueda prevalecer discriminación alguna por razón de nacimiento, raza, sexo, religión, opinión o cualquier otra condición o circunstancia personal o social"**. No se tendrá que pedir permiso a la Cámara para su procesamiento.

16.- En caso de procesamiento de cualquier cargo electo, será apartado de sus funciones hasta la clarificación de los hechos, sean condenatorios o no, recibiendo en caso de ser absuelto únicamente el sueldo no percibido que le hubiere correspondido hasta la finalización de su cargo, pudiéndose presentar en las próximas elecciones.

17.- Los parlamentarios, asesores y personas de confianza contribuirán a la Seguridad Social en el Régimen General como cualquier ciudadano. Disfrutarán de un seguro de vida, pero no de jubilación y de salud a cargo del Congreso.

18.- Los parlamentarios en el ejercicio de sus funciones podrán disfrutar del IRPF reducido en todos sus ingresos (dietas, sueldos) como único privilegio por sus servicios a la ciudadanía. Los gastos de representación serán fiscalizados por la Hacienda Pública.

19.- Se eliminará la jubilación procedente al finalizar su ejercicio político. A los parlamentarios que lo vienen disfrutando ahora sin la edad de jubilación, se le condonará hasta este momento y pasarán a cobrarla en su edad de jubilación real, para que en el futuro los nuevos parlamentarios se rijan como el resto de la ciudadanía. El actual fondo de jubilación del Congreso pasará al régimen vigente de la Seguridad Social inmediatamente y utilizado para los parlamentarios de anteriores legislaturas.

20.- Ningún cargo electo, parlamentario o municipal, cobrará más de un sueldo del Estado, responderá con sus bienes y la inhabilitación para el ejercicio de cargos públicos en caso de corrupción, malversación de fondos o compra de voto, así como la práctica de enchufismo para familiares o de personas fuera del ámbito familiar, aun de forma eventual, salvo las enumeradas anteriormente (personas de confianza y asesores).

21.- Los ciudadanos participantes por sorteo aleatorio recibirán dietas (con IRPF reducido), alojamiento, viajes, gastos de comidas y los gastos justificados en el ejercicio de su cometido a cargo parlamentario de la Administración, se les garantizará la reserva del puesto de trabajo en su empresa mientras ejerce estas labores de ciudadanía, así mismo responderán con una severa multa en caso de la venta del voto o un beneficio obtenido de cualquier opción política.

22.- Tendrán vehículo oficial solamente el presidente del gobierno, los presidentes de gobierno salientes, los presidentes de cada CCAA, los ministros en el ejercicio de su cometido parlamentario y los alcaldes de las grandes ciudades.

23.- Los cargos electos municipales lo serán por dos legislaturas, todo miembro del Ayuntamiento, no electo, será funcionario de carrera sin excepción y ocupará el puesto que le corresponda según valía y cualificación dentro de la Admón. El enchufismo para familiares o personas fuera del ámbito familiar, aun de forma eventual, podrá acarrear la expulsión de cualquier cargo electo. Las finanzas del municipio serán controladas por funcionarios Interventores del Estado de la Hacienda Pública.

24.- Todo cargo municipal electo en caso de procesamiento será apartado de sus funciones hasta la clarificación de los hechos, sean condenatorios o no, recibiendo en caso de ser absuelto únicamente el sueldo no percibido que le hubiere correspondido hasta la finalización de su cargo, pudiéndose presentar en las próximas elecciones.

25.- Ningún Alcalde cobrará más que el presidente de gobierno y ningún concejal más que un ministro, todos disfrutarán de IRPF reducido en los emolumentos recibidos por el Estado, ver punto 11. El sueldo será proporcional al nº de la población a la que representa, según Convenio Colectivo de la Administración Pública en la categoría de Directivo y/o Jefe de Sección, o el mismo sueldo que percibía de la empresa privada de donde procede, ateniéndose a las limitaciones establecidas en comparación al presidente de gobierno o ministros, y con dedicación plena al municipio.

26.- La misión de las Fuerzas Armadas, es salvaguardar el territorio nacional ante cualquier agresión extranjera, ayudar ante catástrofes a nivel nacional e internacional. No en supuestas aventuras de imponer la democracia occidental en otros lugares, cuando en realidad esconde un conflicto de intereses particulares por las materias primas de países o empresas privadas. Las F.A. no debe de juzgar las costumbres de otros pueblos, ni anteponer las nuestras como mejor acierto, así como tampoco nuestra concepción de Democracia en otros lugares, la ciudadanía de cada Nación sabe en su momento tomar las riendas de su forma de Estado al igual que nosotros concebimos el nuestro, porque las leyes promulgadas o legales tienen que ser apropiadas a cada país, a cada temperamento o cada situación y es puro azar que las un lugar sirvan para otro.

27.- El poder judicial, será independiente del gubernativo, y sus miembros elegidos según criterio establecido por Jueces y Magistrados; sin interferencias del poder legislativo o de los partidos políticos.

A través de esta lotería política, cualquier ciudadano puede alcanzar un puesto de responsabilidad, y el privilegio o las añagazas del politiqueo pueden ser eliminados en parte, porque ser ciudadano es tener voz además de voto.

Bibliografía:

"Hª del pensamiento social", *Salvador Giner*, 12ª edición ampliada: septiembre de 2008, *Editorial Ariel*.

"Hermano Hitler y otros escritos sobre la cuestión judía", *Thomas Mann* 2011, Global Rhythm Press S.L., Diario Público.

"La revolución española", *L. Trotsky*, 2011, en colaboración con la Fundación Federico Engels, Diario Público.

"Discurso de Método", *Descartes*, Colección Austral nº 6, Duodécima edición, Espasa Calpe.

"El sistema de trabajo asalariado" F. Engels, traducción al español, editorial Progreso, 1976.

"Dios y el Estado", *Bakunin*, 2009, Liberdúplex, Diario Público.

"El miedo a la libertad", *Erich Fromm, 8.ª impresión: octubre de 2011*.

"Elogio de la locura", *Erasmo de Rotterdam, 3.ª edi.: 2011, Alianza Editorial.*

"La riqueza de las Naciones", *Adam Smith,* Ciro Ediciones, 2011.

"España un enigma histórico", *C. Sanchez-Albornoz,* Edhasa 1973.

" El contrato social ", *Jean-Jacques Rousseau.*